The Infinite Loop
El lazo infinito

WINNER OF THE NATIONAL POETRY SERIES' PAZ PRIZE FOR POETRY
PRESENTED BY THE NATIONAL POETRY SERIES AND MIAMI BOOK FAIR AT MIAMI DADE COLLEGE

BY Oneyda González

INTRODUCTION BY LOURDES VÁZQUEZ
TRANSLATED FROM SPANISH BY EDUARDO APARICIO

BROOKLYN, NEW YORK, USA

The Paz Prize for Poetry is presented by the National Poetry Series and Miami Book Fair at Miami Dade College and is awarded biennially. Named in the spirit of the late Nobel Prize–winning poet Octavio Paz, it honors a previously unpublished book of poetry written originally in Spanish by an American resident.

The National Poetry Series was established in 1978 to ensure the publication of five collections of poetry annually through five participating publishers. The Series is funded annually by Amazon Literary Partnership, William Geoffrey Beattie, the Gettinger Family Foundation, Bruce Gibney, HarperCollins Publishers, the Stephen and Tabitha King Foundation, Padma Lakshmi, Lannan Foundation, Newman's Own Foundation, Anna and Olafur Olafsson, Penguin Random House, the Poetry Foundation, Amy Tan and Louis DeMattei, Amor Towles, Elise and Steven Trulaske, and the National Poetry Series Board of Directors.

———

Published by Akashic Books
©2023 Oneyda González
English translation ©2023 Eduardo Aparicio

ISBN: 978-1-063614-143-5
Library of Congress Control Number: 2023934113

Akashic Books
Brooklyn, New York
Instagram, Twitter, Facebook: AkashicBooks
info@akashicbooks.com
www.akashicbooks.com

Índice

Table of Contents

EL OTRO Y YO

THE OTHER AND I

La doble en el espejo

por Lourdes Vázquez

"... sometimes, in the presence of a perfectly
familiar object, we experience an extension
of our intimate space. "
—Gaston Bachelard, *The Poetics of Space*

En una sala de cine con su ojo circunscrito, la hablante recuerda a uno de tantos soldados ya en su tumba; *un jovencito de mi pueblo, llamado a combatir en Angola, que no volvimos a ver.* Es cuando su espacio íntimo se expande y crea una singular elegía-oración a manera de prólogo: *Oh, Madre, / quiero ver,* es el ruego y lamentación. *¿Sabe cuán abajo está?* ¿Conoce el cadáver cuán hondo está en la tierra? La hablante se entierra en el fango para dar con el soldado, con su naturaleza (¿la de ella?) y escarba, hurga para encontrar: *Maravillas / sinuosas. Caleidoscópicas* de la mano del dolor. Cuerpo a cuerpo con la tierra-madre, cómo poder seguir escuchando a *todos los cadetes que no eligieron serlo* y cual coro griego retumban en los oídos de la hablante, desde aquella otra frontera líquida: Cuba. *¿De qué sirvió llegar al fondo?* Imposible escapar de esa herida, del eco de sus voces. Mas es desde ese fondo que se inserta la hablante (nos insertamos) para desde allí fijar la vista al cielo, las estrellas, la esperanza, la vida.

Es este opuesto el que abraza la hablante, en un viaje introspectivo para recuperar(se) aquella—la otra de la cual se desligó sin tener constancia o teniéndola—como las mujeres que se encuentran con encantamientos sobrenaturales en las pinturas de Remedios Varo. Aquella que no es otra que sí misma, ante un espejo manchado: *La mancha en el espejo, de un gris sombrío, cada vez más asfixiante. / La mancha crece y no deja ver este lado de mi cara, o ese otro.* ¿Cuál otro lado? ¿Qué es lo que se divide *en formas irregulares* según la exposición que asume en el espejo? Rebuscando eso oscuro que se asoma (el rostro), de alguna forma la hablante se identifica y al identificar asume

The Double in the Mirror

by Lourdes Vázquez

> "... sometimes, in the presence of a perfectly
> familiar object, we experience an extension
> of our intimate space."
> —Gaston Bachelard, *The Poetics of Space*

In a movie theater, gazing inward, the speaker remembers one of so many soldiers, now in his grave: *a young boy from my hometown . . . He was called to fight in Angola, and we never saw him again.* That is when her intimate space expands and creates a singular elegy-prayer as a prologue: *Oh, Mother, / I want to see* is her plea and lamentation. *Does he know how far down he is?* Does the body know how deep it is in the earth? The speaker reaches into the silt to find the soldier, his nature (her own?) digging and sifting to find: *Sinuous / wonders. / Kaleidoscopic* driven by her pain. Body to body with Mother Earth, how to continue listening to *all the cadets who did not choose to be* and who, like a Greek chorus, reverberate in the speaker's ears, from that other aqueous border: Cuba. *What good was it to get to the bottom?* Impossible to escape from that wound, from the echo of their voices. But the speaker places herself (we place ourselves) there, at the very bottom, to turn our gaze toward the sky, the stars, hope, life.

The speaker embraces those opposites in an introspective journey to recover the one, that other woman from whom she detached herself unawares, or perhaps aware—like the women under supernatural spells in Remedios Varo's paintings—that other woman who is none other than herself, facing a stained mirror: *The stain in the mirror, a somber gray, increasingly suffocating. / The stain grows and doesn't allow this side of my face to be seen, nor the other side.* Which other side? What is it that breaks *into irregular, unexpected shapes* as I shift my position in front of the mirror? Searching for that obscure thing that appears (the face), in some way the speaker identifies herself and in so doing

lo arrebatado, lo perdido. Lo confirma, lo afirma. Es ella. Un pedazo de ella. Mas si el espejo es el de su madre: *y sólo si mi madre llegara a legarme su espejo* damos cuenta que también se trata de romper con la genealogía, con lo acostumbrado, Las madrazas (y los padrazos) con todo el peso de la genealogía dando continuidad a lo oculto, evitando así que corramos al campo en busca de minotauros o hespérides. Ha sido la historia de la mujer en este planeta. Renegociar para poder recuperar un espacio legítimo.

Y aquí quiero hacer un inciso sin paréntesis, tampoco una nota al calce. Oneyda González es de Camagüey, Cuba, Debo insistir en este dato porque Camagüey en la literatura y las artes cubanas se ha distinguido por una sensibilidad muy especial; además de afirmarse como "la cuna de la literatura cubana" ya que de allí surge el primer texto literario de Cuba[1] en Santa María del Puerto del Príncipe, hoy Camagüey. Diría entonces que no hay más que mencionar a escritores de la talla de Gertrudis Gómez de Avellaneda, Nicolás Guillén o Severo Sarduy para entender de qué se trata. La propia González es especialista de la obra de Severo Sarduy.

Y volviendo al *Lazo* que nos ocupa, la voz poética intentando recuperar su territorio abraza la naturaleza, abraza la tierra y arropa todos sus sentidos para renegociar la luz, la noche, la ella dibujada entre la claridad y la oscuridad tal como la pensadora Luce Irigaray nos enseña[2]. Ahora, ella es una esfera que abarca el arrullo de los ruidos familiares, como las campanas de la iglesia o el tren cuando se acerca: *Como siento / los trenes del amanecer, / y su frecuencia perfilada / en el metal sonoro de los días*. Ahora ella se sumerge en la cueva que crean los árboles en el camino, las ramas que tocan la ventanilla del carro y se acoge a su suerte cuando ya se presenta la inquietud mayor, el del otro viaje, aquel que poco a poco se va transparentando, porque pudiera ser un viaje de no-regreso. La pequeña o inmensa muerte del cruce de fronteras.

Las migraciones y los exilios intensifican el asunto identatario; mas el camino ha sido emprendido sin olvidar a sus fantasmas, los que murieron, los

1. Ver en: CamagüeyCuba.org: https://www.camagueycuba.org /espejo_de_paciencia.htm

2. Ver entre otros: Söjholm, Cecilia. "Crossing Lovers: Luce Irigaray's *Elemental passions*." *Hypatia*, 15: (Summer 2000): 92–112.

comes to terms with what has been taken away, what has been lost. She confirms it, affirms it. It is her. A piece of her. But if the mirror is her mother's, *and only if my mother bequeaths me her mirror*, we realize that it is also about breaking with genealogy, with what we're used to, the doting mothers (and doting fathers) with all the weight of genealogy giving continuity to what is hidden, thus preventing us from running off to the countryside in search of the Minotaur or the Hesperides. Such has been the history of women on this planet: renegotiating in order to reclaim a legitimate space.

It is important to add here that Oneyda González comes from Camagüey, Cuba. I must emphasize that fact because in Cuban literature and arts, Camagüey has been distinguished by a very special sensibility; in addition to being known as "the cradle of Cuban literature," given that the first literary text of Cuba[1] came from that place, Santa María del Puerto del Príncipe, known today as Camagüey. One need only mention writers of the stature of Gertrudis Gómez de Avellaneda, Nicolás Guillén, and Severo Sarduy to understand Camagüey's standing. González herself is a specialist in the work of Severo Sarduy.

Here, in *The Infinite Loop*, the poet's voice, in an attempt to recover its territory, embraces nature, embraces the Earth, and envelops all the senses to renegotiate the light, the night, to find herself rendered between clarity and darkness, as philosopher Luce Irigaray would tell us[2]. At one point, she is a sphere embracing the murmur of familiar sounds, like church bells or an approaching train: *As I feel / the trains at dawn, / and their profiled frequency / in the sonorous metal of days*. At another, she submerges herself in the cave made by the canopy of the trees alongside the road, their branches brushing the car windows, and she welcomes her fate when the greater worry looms, the one about the other journey, the one that reveals itself little by little, because this could be the journey of no return—the small or immense death of crossing borders.

---

1. See: CamagüeyCuba.org. https://www.camagueycuba.org/espejo_de_paciencia.htm

2. See among others: Söjholm, Cecilia. "Crossing Lovers: Luce Irigaray's *Elemental Passions*." *Hypatia*, 15: (Summer 2000): 92–112.

que se fueron y en diálogo con sus otras voces (T.S. Eliot, Unamuno, Borges, Bukowski) se pregunta: *¿Qué camino trazar a tu materia, / tú, mi otra mitad / —la que más creo—* (en la que más creo). La lógica binaria comienza a ceder. El 'Yo' (ese identatario personal) en continuo diálogo con su voz interior, esa reflexión incesante va creando un universo de revelaciones, quereres y saberes, y que en su temporalidad y ruta se bifurcan, se entremezclan, se engrandecen como los rizomas de una planta. ¿Cuál es el pacto? ¿Por dónde el camino? ¿Por cuánto tiempo? Son algunas de las interrogantes de la hablante de a la par con el enfrentamiento de mercaderes políticos y personales, como puede, y con su única moneda de cambio: el café que ofrece tanto a amigos como enemigos. El momento del café es ese espacio que sirve de pausa y momento, cábala y útero para atrapar (parir) la nueva señal, para dilucidar una guía en donde poder inventar un suelo para andar por él. En ese caminar-divagar se asoma una cabeza en el suelo; no cualquier cabeza: Cabeza griega está en el suelo. Pienso que se trata de esas cabezas—pedazos de escultura—que se encuentran en excavaciones y que los arqueólogos logran, poco a poco sacarlas intactas con brochas y artimañas entre el barro, la arena, la tierra, las rocas. De esas cabezas que puedes confundir con un pedazo de roca y las tiras al río en donde se van deslizando en las aguas hasta su fondo. Esa sabiduría, es un ente presente que la hablante no puede obviar. La aparta, mas al final la toma, la acepta. *Mejor la levanto, y miro, / a ver si me indica algún enigma.*

Es este fascinante lazo . . . *El camino es el gesto de otras pieles / [. . .] Ahora vive en la grada de los sueños.* Este sueño se asoma con una nueva piel: la piel del poema "Conseja del Lazo Infinito o Banda de Möbius". El lazo de Möbius es mundo aparte, una dinámica danzarina que está suspendida en el aire y que, tanto artistas como arquitectos, han creado verdaderas obras de arte. Un signo transmutable en donde pueden colapsar o unirse los opuestos. Las líneas en ambos extremos coinciden como reflejo del otro, conjugándose una estructura en que cada línea se piensa dentro del espacio. En esta "Conseja" se diseña un lazo en el papel, que siento y veo con una danza-minué y en el cual la hablante describe el silencio de unos y los ruidos del otro: *chicos* (léase hombres) en descripción paralela. Un lazo fluido y posiblemente movible

Migrations and exiles intensify matters of identity; but she has embarked on the path without forgetting her ghosts, those who died, those who left. In a dialogue with other voices (T.S. Eliot, Unamuno, Borges, Bukowski), she asks herself: *What path to trace to your matter, / you, my other half / —the one I most believe—* (the one I believe in the most). A binary logic begins to give way. The "I" (that personal identifier) in continuous dialogue with its inner voice, in an incessant reflection, creates a universe of revelations, desires, and knowledge, that become, over time, forking paths that intermingle and expand like rhizomes. What is the pact? Where is the path? How long will it take? These are some of the speaker's questions, while facing the confrontation of those who trade in the political and personal, as best she can, her only currency: the cup of coffee she offers to friends and foes alike. The cup of coffee is that space that serves as pause and present moment, cabala and womb to capture (give birth to) the new sign, to elucidate a guide in which to invent a ground to walk on. In this walking-wandering, a head emerges from the soil, but not just any head: it is the Greek head that lays there, on the ground. I think this is about those heads—fragments of sculpture—that are found in digs and that archaeologists manage to rescue intact, little by little, using their brushes and finesse, to pull them out from the mud, the sand, the soil, the rocks, bit by bit. One of those heads that you could easily confuse with a rock and toss it into the river where it will sink through the water, all the way to the bottom. That wisdom is a present entity that the speaker cannot ignore. She pushes it away, but in the end, she takes it, she accepts it. *I'd better pick it up, and look, / to see if it can point me to any enigma.*

It is this fascinating loop . . . *The road is the gesture of other skins / [. . .] He now inhabits the bleachers of dreams.* This dream appears with a new skin: the skin of the poem "Parable of the Infinite Loop or Möbius Band." The Möbius band is a world apart, a dancing dynamic that is suspended in the air and that both artists and architects have used to create true works of art. A transmutable sign where opposites can collapse or unite. The lines at both ends meet as a reflection of each other, conjugating a structure in which each line is considered within the space. In this "Parable," a loop is typeset on the page,

que pudiera elevarse en cualquier segundo cual flota de pájaros. La poeta ha construido un poema visual que es donde se siente cómoda para introducir el nudo de esta Banda de Möbius: el conflicto de estos *chicos*. El uno: *El hombre llegó / a su tienda / y bebió de su vino*. El otro: *vino el Otro, / a darle su cuota de vergüenza*. Esta es la fábula. Una comunidad dividida entre el pensador y el pragmático (¿político?). Un conflicto que la hablante ha venido convocando sutilmente a través de los muchos rostros, de este exquisito poemario. Por supuesto es la Pensadora quien ha ganado la contienda.

which I feel and see as a minuet in which the speaker describes the silence of some and the sounds of the other: *boys* (read men) in parallel description. A fluid and possibly movable bond that could rise at any second like a flock of birds. The poet has constructed a visual poem where she feels comfortable introducing the twist of this Möbius loop: the conflict of these *boys*. The One: *The man arrived / at his tent / and drank his wine.* The Other: *the Other came / to give him his share of shame.* This is the parable. A community divided between the thinker and the pragmatist (the politician?). A conflict that the speaker has been subtly summoning through the many faces of this exquisite collection of poems. It is, of course, the thinker who triumphs.

En el cine La Rampa, tras inesperado corte eléctrico, un grupo de resistentes conseguimos ver un film, que nos transformaría: Quemados por el sol *por Nikita Mikhalkov. Premiado en Cannes, y ganador del Oscar algunos años atrás, su creador vino a presentarlo. Cuando se iluminó la pantalla, nada pudo impedir que a mi mente volviera el rostro de un jovencito de mi pueblo, llamado a combatir en Angola, que no volvimos a ver.*

Oración a la Virgen de la Caridad del Cobre

A todos los cadetes que no eligieron serlo.

Oh, Madre,
quiero ver.
Del bosque, la armonía.
De los elementos, el orden.
Del juego, el juego.
Me inclino a registrar
entre las hojas deshechas.
Bordeo el estanque
hasta llegar al légamo.

Allí, en el fondo,
una corriente,
deja ver al soldado.
¿Y la tierra lo sabe?
¿Sabe cuán abajo está?
¿Qué puede, inocente y marcial?
Escarbo, y me fugo.
Logro ver. Maravillas
sinuosas. Caleidoscópicas.
Mínimos espacios.
Y dolor. Dolores
ver.

At La Rampa cinema, after an unexpected power outage, a group of us diehards got to see a film that would transform us: Burnt by the Sun *by Nikita Mikhalkov. Awarded at Cannes, and an Oscar winner some years earlier, its director had come to present it. When the screen lit up, nothing could stop the face of a young boy from my hometown from coming to mind. He was called to fight in Angola, and we never saw him again.*

Prayer to Our Lady of Charity of El Cobre

To all the cadets who did not choose to be.

Oh, Mother,
I want to see.
From the forest, harmony.
From the elements, order.
From the game, the game.
I lean over to sift
through crumpled leaves.
I circle the pond
until I reach the silt.

There, at the bottom,
a current
reveals the soldier.
And does the ground know it?
Does he know how far down he is?
How could he, innocent and soldierly?
I dig, and I flee.
I manage to see. Sinuous
wonders. Kaleidoscopic.
Minimal spaces.
And pain. I see
pain.

Nada perturbe. Busco.
Nada queme la averiguación.
Nada ahogue la resonancia.
No se diga que es
un simple cambio.
Como papel moneda:
un simple cambio.
¡No se diga más!
La nieve lo sabe, Madre!
Quien busca,
quiere saber.

¿Y cómo era el soldado?
¿Tendría, como Pushkin,
algún abuelo etíope?
¿O es un amago de la mente,
para hacerlo familiar
a la tierra que lo acoge?
¿Lo sabe
N. Mikhalkov?

¿Importa cómo era?
Sabe, mejor, el vidente,
llevarme a respirar
con el soldado.
Ayudarle a sentir
que todo sigue,
aún cuando estuviera

quemado por el sol.

¿Y qué cosa es el cambio?
El cambio es . . .

Let nothing disturb. I search.
Let nothing burn the inquiry.
Let nothing drown out the resonance.
Don't say it's
a simple change.
Like paper money:
a simple exchange.
Say no more!
The snow knows, Mother!
The one searching
wants to know.

And what was the soldier like?
Did he perhaps have, like Pushkin,
an African great-grandfather?
Or is it a failed effort of the mind,
to make him familiar
to the ground that welcomes him?
Does N. Mikhalkov
know?

Does it matter what he looked like?
The seer knows it's best
to take me to breathe
with the soldier.
Help him feel
that everything continues,
even if he was
burnt by the sun.

And what is change?
Change is . . .

Abrir la lente

      hasta llenar

           cada pupila.

Con la respiración

      poblar la escena.

La nieve cae

      y la respiración sigue.

Abarca los sentidos,

          y sigue.

Mientras el soldado cambia,

          imperturbable,

      una ira callada,

      levanta el pecho

    de quien busca,

      y siente que cambia.

Cree ir, de su asiento

   a la mejilla fría.

Pero no.

    Solo, en el cuadro,

el soldado sigue . . .

                ¿Qué significa, luego,

             un ramillete de rosas?

           ¿Qué ofrecen a la escena?

         ¿Y tú, Madre, qué ves?

          ¿Y los que van contigo?

           ¿Aún tienes el mar a los pies?

             ¿Lo tienen ellos?

            ¿Sabes, Madre,

               qué siente un joven

                  allí, tan solo en la pradera?

Opening the lens
                   to fill
                          each pupil.
Populate the scene
                 with breaths.
Snow falls
               and the breathing continues.
It embraces the senses,
                       and continues.

As the soldier changes,
                        unperturbed,
                     a quiet fury
                    lifts the chest
                    of the seeker,
                      who feels a change.
The seeker imagines going from the seat
   to the cold cheek.
But no.
       Alone, in the frame,
the soldier continues . . .
                              What does it mean,
                        a bouquet of roses after the fact?
                        What do they offer to the scene?
                    And you, Mother, what do you see?
                    And those who go with you?
                          Do you still have the sea at your feet?
                          Do they?
                          Do you know, Mother,
                              what a young man feels
                                  there, so alone in the meadow?

En la soledad,
　　sin saber
　　　　que nadie más respira,
　　　　　él sigue.
　Sin pensarlo.
　Aunque sea para nada, sigue.
Debe respirar, y respira
　　　　mientras puede.
　En medio del terreno
　　　blanco y muerto.
　Aunque tantos (no) lo acompañen,
　　es el único que respira y
　　　se aleja lentamente.
　Su cuerpo es otro más,
　　　mientras la respiración
　　　　lo abarca todo.
　Quiere levantarse, y andar
　　　　en sangre viva.
　¡Pero es tanta la nieve!
　　No puede ofrecer
　　　　un poco de movimiento,
　　　　a quien lo busca.
　No puede darle
　　　un gesto de tristeza.
　Debe respirar
　　　cuando de nuevo se aleje
　　　　en la inmensa pradera,
　　allí tan solo.
　Sin ver que alguien quiere besar
　su gesto de sorpresa vana.
　　　Sin que pueda
　　　　secar sus heridas,
　　o darle un consuelo.

In solitude,
        not knowing
                that no one else breathes,
            he continues.
        Without thinking about it.
        Even if it's for nothing, he continues.
He must breathe, and he breathes
             while he can.
        In the middle of the field
            white and dead.
        Even if so many do (not) accompany him,
            he is the only one who breathes and
                slowly walks away.
        His body is just another body,
            while breathing
                is all-encompassing.
        He wants to rise, and walk
                in living blood.
        But there's so much snow!
            He cannot offer
            a small motion
                to the one who seeks him.
Cannot make
    a gesture of sadness.
Must breathe
    while going away again
        into the vast prairie,
    there so alone.
Without seeing that someone wants to kiss
his gesture of vain surprise.
        Unable to
            dry his wounds,
    or console him.

Él sigue.

Sigue . . .

En el ejercicio perenne

de inhalar

y exhalar los segundos.

¿Y qué significa, después,

el ramillete de rosas?

¡Son rosas que hieren

—si las rozas!

¿Y el bosque?

¿Y la armonía?

¿Y el orden de los elementos?

¿Y la búsqueda?

¿De qué sirvió llegar al fondo?

¡Oh, Madre!

¡Quiero ver!

He continues.
　Follows . . .
　　In the perennial exercise
　　　of inhaling
　　　　and exhaling seconds.

　　　　　　And what does it mean,
　　　　　　　that bouquet of roses after the fact?
　　　　　　Those roses will hurt you
　　　　　　—if you brush against them!
　　　　　　And the forest?
　　　　　　And harmony?
　　　　　And the order of the elements?
　　　　　　And the search?
　　　　What good was it to get to the bottom?
　　　　　　Oh, Mother!
　　　　　　I want to see!

EL LAZO

La maravilla que siento es simple.
Pero lo simple maravilla.
T.S. ELIOT

THE LOOP

The wonder that I feel is easy,
Yet ease is cause of wonder.
T.S. ELIOT

Noche de polvos y de tintas

Recordando a Unamuno

El parto de la luz,
       la calma,
             el desamparo
suceden donde estoy.

Nada más simple.

Aquí el vuelo:
          claridad y enjundia.
Él, descubre mi entusiasmo.
Quiero decir no
        a la felicidad
donde se duelan
          mis umbrales.
Vivir el simple gozo:
     el sol,
        la brisa,
           la semilla.
Ir al centro de la tierra,
y volver
      disuelta en su energía.

No quiero seducción.
No quiero afanes.
Tengo hilos que se trenzan
para hacer la pausa.
Nadie tiene derecho a saquear
los frutos de mi patio.

Night of Dust and Ink

Remembering Unamuno

The birth of light,
        calmness,
                forsakenness
happen where I am.

It could not be simpler.

Here the flight:
        clarity and substance.
Him. He discovers my enthusiasm.
I want to say no
        to happiness
where my thresholds
        get polished.
To live the easy joy:
    the sun,
        the breeze,
            the seed.
To go to the center of the earth,
and reemerge
    dissolved in its energy.

I want no seduction.
I want no worries.
I hold threads that twine together
to create a pause.
No one has the right to loot
the fruits of my garden.

Para ese minuto
escojo tu mirada,
y tomo los fanales
al amanecer.
Ignoro dónde voy a sestear
en otra hora,
qué fragmento de mi vida
sirva a tu esqueleto.
Dónde estoy, dónde estarás.
Me he parado en este puente,
a inventar un sauce que no llore.
Estoy cantando
          y aburrida de mi canto,
pero alboroto
          y descorro las palabras.
Voy planeando en ti,

          Ser que me esperas.

For that instant
I choose your gaze,
and I accept the beacons
at dawn.
I cannot know where I may sleep
at some other time,
what fragment of my life
may serve your skeleton.
Where I am, where will you be.
I have stopped on this bridge,
to invent a weeping willow tree that won't weep.
I'm singing
          and I'm bored of my singing,
but I stir up
          and draw back the words.
I'm gliding over you,

          Being who awaits me.

Soy prudente

Puedo atisbar un hilillo de certeza,
sumergirme en las sombras,
arrebujar cerca de mí a las entidades.

Segada estoy,
segada, y en el fondo.
Me acerco a los doseles,
malograda por el tedio
            que le robo a la noche.

Y, ¿qué cosa es el tedio?
Qué sabe una palabra si ha de ser
la herramienta?
Yo, que la he visto
          atravesar el paisaje
      digo que no.

Digo que no es la que desgarra,
y empuja la ráfaga de sangre
sobre el cuerpo del trigo.

Yo sólo pregunto:
¿Qué sabe el tedio
         del mismísimo tedio?
¿Qué puede decirse
           de algo que no existe?
¿De lo que invento
        porque se presentía?

Otros vieron la hoja . . .

I Am Cautious

I can glimpse a trickle of certainty,
bury myself in the shadows,
wrap myself in entities.

I'm shattered,
shattered, and at the bottom.
I approach the canopies,
wasted by the tedium
            that I steal from the night.

And what is tedium?
What does a word know if it is to be
the tool?
I, who have seen it
            roam the landscape,
      I say no.

I say it's not the one that tears,
and propels the rush of blood
on the body of the wheat.

I only ask:
What does tedium know
                  of tedium itself?
What can be said
            of something that does not exist?
Of what I invent
            because it was foreseen?

Others saw the leaf . . .

Y vieron su chispa
          al romperse en los aires.
Vieron al chorro despertar las espigas,
como un surtidor
          —púrpura y virtuoso—
de Quentin Tarantino.

Otros la vieron, después yo.
¡Cómo vuela esa hoja!
¡Cómo canta la sangre!
¡Cómo ocurren las cosas
          cuando no han ocurrido!

Vienen a mí,
          anhelantes,
                    Las Furias.
Vienen los soplos
          que inflaman.
Viene la fuerza
          que impulsa la hoja blanca,
descorre el telón
          y me pone en escena.
Viene la fábula,
          el adagio y la lumbre.
Viene el dolor
          y el tormento,
el dilema de saber
          —en la mínima pausa—
que somos los dueños
          más dueños
del vapor instintivo
          de la muerte.

And they saw its spark
                as it broke apart in the air.
They saw the torrent awaken the grain,
like a fountain
                —purple and virtuous—
by Quentin Tarantino.

Others saw it, then me.
How that leaf flies!
How the blood sings!
How things happen
                when they haven't happened!

They come to me,
                longing,
                                The Furies.
On come the murmurs
                that inflame.
On comes the force
                that drives the blank page,
pulls back the curtain
                and puts me onstage.
On comes the fable,
                the adage and the fire.
On comes the pain
                and torment,
the dilemma of knowing
                —in the very pause—
that we are the absolute
                owners
of the instinctive vapor
                of death.

Le petit déjeuner

Ante la taza de té que centellea,
                    he puesto
la tapa de limón
                    sin las semillas,
mas la taza de té sigue en silencio.

¡Cuántas cosas he dejado!
            ¡Cuántas cosas dejamos!
                    Cobertores del tiempo,
        cristales que se mueven con el aire,
sandalias debajo de la cama.

Mas la taza de té sigue en silencio
            y el camino sin poner una señal.

                    ¿Será que no hace falta
            cargar con esas cosas?

El camino es el camino,
y no sabe.

Si me detengo es la fijeza.
Si no me arriesgo es la caída,
                y una quiere levantarse
a sacudir las madrugadas.
Una quiere encender nuevas bujías,
                jugar la ronda sempiterna
                    con vestido nuevo
Entonar un canto virgen.

Le petit déjeuner

In front of the shimmering teacup,
                              I have put
the lemon wedge
                    without its seeds,
but the teacup is still silent.

I have left behind so many things!
            So many things we left behind!
                         Winter covers,
   pieces of glass that move with the wind,
sandals under the bed.

But the teacup remains silent
            and the road without a sign.

                    Is it that it is not necessary
            to carry those things?

The path is the path,
and does not know.

If I stop, it's fixity.
If I don't risk it, it's the fall,
                  and one wants to rise
to rattle the dawns.
One wants to light new candles,
                  play the everlasting round
                         in a new dress
Sing a virgin song.

Llevar un mar pacífico

           rozando con su tallo

     el lóbulo inocente.

    Y la emoción,

         y la quimera,

             una quiere.

Carry a hibiscus flower

        brushing the innocent lobe

    with its stem.

    And one wants

      the emotion,

        and the chimera.

Los trenes del silencio

Para Ramón Alejandro, que pinta el ruido de las máquinas

Agradezco este café y este silencio
que se rompe con el paso de los trenes.
Más allá de las formas,
amo el espacio definido en el azul.
Más allá de la frescura milimétrica,
el aire tibio que tiene impulso propio.
¡Pero agradezco todo!

Solo que al elegir
quiero el graznido misterioso
en el rumbo de las máquinas:
infinitos motores de vocales,
infinitos motores de silencio . . .

El áspero tono de un pájaro del Norte
trae el calor de su sangre,
que un día habrá pasado.
Trae el aire tibio, y el café.

Como los trenes, el pájaro
deambula entre las horas,
moviendo su criatura silenciosa
en el azul sorprendido
por la negra consistencia de sus alas.
Hay un compás en cada uno de esos vuelos
que me podría confundir si me distraigo.

The Trains of Silence

For Ramón Alejandro, who paints the noise of machines

I appreciate this coffee and this silence,
broken by the passing of the trains.
Beyond the forms,
I love the space defined in blue.
Beyond a most exacting freshness,
the warm air that has a momentum of its own.
But I am grateful for everything!

It's only that when choosing
I want the mysterious squawk
in the churning of the machines:
infinite engines of vowels,
infinite engines of silence . . .

The harsh tone of a northern bird
brings the warmth of its blood,
that one day will have passed.
It brings the warm air, and the coffee.

Like trains, the bird
wanders among the hours,
moving its silent figure
across the blue, surprised
by the black consistency of its wings.
There's a rhythm in every one of those flights
that might confuse me if I get distracted.

Pero siento en ese viaje pendular,
un sinfín de motivos. Como siento
los trenes del amanecer,
y su frecuencia perfilada
en el metal sonoro de los días.

De regreso al café, al aire tibio
—y al silencio—siempre hubo un tren
con su aritmética.
Y hubo campanadas al despertar
de los techos taciturnos
donde al rumor de otro café
puede sentirse,
el nacimiento de la palabra querida.
Volverán esos trenes a mis ojos.
Volverán los pájaros,
y los motores que pasan
porque han estado siempre,
dándome de beber y de reír.

¡Y lo agradezco!

But I feel myriad reasons
on that pendulum ride. As I feel
the trains at dawn,
and their profiled frequency
in the sonorous metal of days.

Back to the coffee, to the warm air
—and to the silence—there was always a train
with its arithmetic.
And there were chimes at the awakening
of the taciturn ceilings
where at the murmur of another coffee
the birth of the beloved word
can be felt.
Those trains will return to my eyes.
Those birds will return,
and so will the engines passing by
because they have always been there,
giving me something to drink and to laugh about.

And I am grateful!

Te recuerdo, trovar

Los ojos tras la nuca del prójimo,
vamos como cenizas en la antorcha:
cuentas de un rosario
                    a la entrada del pajar.

Devanando al pan, o a los iguales,
hacemos parte de un extremo.

Vibra la empedernida hierba
al rumiar calmadas precisiones.
Pero seguimos las cabriolas, el compás
que el toro abre con sus astas.

Me cambio por el rostro del silencio.
Me sumerjo en incógnitos sitiales.
La estrella no nació de la llovizna,
ni el aire bebió libre en la jofaina.

La canción que se lima con la piedra,
ha querido entender lo desusado:
el perenne fulgor del agujero.

El camino es el gesto de otras pieles.

Cuando alguien mira al Hombre,
                  ya no hay fuentes.
Ahora vive en la grada de los sueños,
las manos remontando como alas.

I Remember You, Troubadour

Eyes on the back of a neighbor's neck,
we go like ashes on the torch:
rosary beads
             at the entrance to the haystack.

Reeling in bread or peers,
we are part of one extreme.

The entrenched grass quivers
as it ponders calm precisions.
But we pursue the capers, the beat
that the bull initiates with his horns.

I turn into the face of silence.
I immerse myself in unknown places.
The star was not born of the drizzle,
nor did the air drink freely from the basin.

The song, filed with the stone,
wanted to understand the disused:
the perennial glow of the hole.

The road is the gesture of other skins.

When someone looks at Man,
                there are no more sources.
He now inhabits the bleachers of dreams,
hands soaring like wings.

A la ronda, ronda la locura

Qué loca más bella,
   me digo en la mañana.
Qué dolor acarrea
   el semblante confuso.
Qué decretos se filtran
   entre tanto desvelo.

Yo no ahogo su sed
   en un poco de lluvia.
Yo no sé las palabras
   de aliviar su agonía.

Ella grita la vida,
   ella grita la muerte.
Ella duerme o no duerme,
   ella espera y no sabe.

Qué locura tan necia
la conduce al destierro,
   de cristales y seres:
de palabras que esconde.

Hay un rostro tranquilo
   engañando el ocaso,
   y una piel inocente
disfrutando la rabia.

Cómo grita la hija.
Cómo calla la madre.
Cómo muere la una,
   cuando la otra vive.

Madness Round and Around

What a beautiful madwoman,
        I tell myself in the morning.
What pain causes
        this confused look on my face.
What edicts are leaked
        from so much sleeplessness.

I can't quench her thirst
        in a little rain.
I can't find the words
        to ease her agony.

She screams life,
        she screams death.
She either sleeps or she doesn't,
        she waits and doesn't know.

What foolish folly
leads her into an exile
        of glass and beings:
from the words it hides.

There's a calm face
        tricking the sunset,
        and an innocent skin
        enjoying the rage.

How the daughter screams.
How the mother is silent.
How one dies,
        when the other lives.

Cómo sangra ese cuarto.
Cómo agrede esa casa
con sus cristales rotos.

Con sus noches tan rojas,
        tan calientes sus noches,
que no hay calma en el sol,
        ni silencio en las llamas.
Pero el badajo, atento,
        augura los minutos,
y le marcan el día a la ida.
Cómo reposa el pecho
            en su ternura inerme.

Cómo sufre el vacío
al dormir su locura.
Una noche es la noche.
Una noche es el día.
Por eso no sabe
            el tono de las sombras.
Por eso no se rinde
            a la saeta de fuego.
Ella vive, ella muere,
            adorando su esfera.
No la veo: yo la oigo
        tras la húmeda
                barrera del patio.
Y la loca se calla
        cuando calla su alma,
            cuando se cae tranquilo
                el último silencio;
y el badajo dormita,
            presagiando la nada.

How that room bleeds.
How that house assails
with its broken glass.

With its nights so red,
        so hot its nights,
that there is no calm in the sun,
        nor silence in the flames.
But the clapper, attentive,
        augurs the minutes,
and marks the day of departure.
How she rests her chest
        on its unarmed tenderness.

How the void suffers
as her madness sleeps.
One night is the night.
One night is the day.
That's why she doesn't know
        the tone of the shadows.
That's why she won't surrender
        to the fire arrow.
She lives, she dies,
        worshipping her sphere.
I don't see her: I hear her
        beyond the damp
                courtyard barrier.
And the madwoman quiets down
        when her soul quiets,
                as the final silence
                quietly settles in;
and the clapper dozes,
        foreshadowing nothingness.

Meditación en el Foso de los Laureles

A Juan Clemente Zenea, inciertamente dormido.

Solo estás.

Envidiablemente solo.

Te circunda el aleteo
                    de algún pájaro,
la buganvilia,
los muros sin respuestas,
el aroma lejano de los montes.

En tu soledad vienes,
                    a fundar una aventura.
Los cuerpos fantasmales
            salvan a deshora el paisaje.
A nadie más quiero escuchar.
De nadie más sentirme acompañada.

El prójimo se congrega en lo alto,
y bebe un café.
A partir de allí los hombres crecen,
planean sus contiendas.

Todos llevan una máscara.
Yo también tengo la mía.
He venido a preguntarte.

A este sitio es preciso venir solo,
                    congregarse en sí.
Es demasiado el ruido.

Meditation on the Laurel Ditch

To Juan Clemente Zenea, uncertainly asleep.

You are alone.

Enviably lonely.

You're surrounded by the fluttering
    of some bird,
the bougainvillea,
the walls without answers,
the distant scent of mountains.

In your loneliness you come,
    to start an adventure.
The ghostly bodies
   save the landscape at untimely hours.
I want to listen to no one else.
I want to feel in the company of no one else.

My fellow humans gather on high,
and drink cups of coffee.
From that point on, men grow up,
plan their battles.

They all wear masks.
I have mine too.
I came to ask you.

One must come alone to this place,
    to gather oneself.
There's too much noise.

Lo mejor es que estés en tu silencio.

Lo mejor es que invites a sentirlo,
a entonar el grito lejano de las aves
surcando el mar de insólito reposo.

A percibir, entre la hierba pisoteada,
el dolor de tus ojos en lo oscuro.

It is best to keep your silence.

It is best that you invite the feeling of it,
to sing the distant cry of the birds
sailing the sea of unusual repose.

To perceive, amid the trampled grass,
the pain of your eyes in the dark.

Elegía vespertina

A qué instante lejano
   se ha de prometer
la vida que nos sobra.
A qué, estas ganas
   de registrar la rabia.
A qué fugacidad
   ceder el atrevimiento
de verificar el camino y sus recodos.

Hubo una plaza gris.

Unas corbatas
   de jade cuneiforme
socavando el anhelo.

Filas de la crueldad
que asignaron
   el dictamen
     y sus reglas.
Cómo anunciar
   que asistíamos,
sin que se tomara cuenta
     de la hora.
Cómo saber del mundo
   desde la morada inerte.
Paredes idas.
Sueños que ondularon
   tras un pobre ligamento.

Evening Elegy

To what distant instant
            are we to pledge
the life we have left.
To what, this desire
            to record the rage.
To what fleetingness
            are we to yield the audacity
of checking the road and the bends in it.

There was a gray square.

Some neckties
            with cuneiform jade
undermining the longing.
Ranks of cruelty
that assigned
            the verdict
                        and its rules.
How to announce
            that we were present,
without noticing
                        the time.
How to know about the world
            from the inert abode.
Walls gone.
Dreams that rippled
            behind a poor bond.

Voy a remontar mi altozano,
a disolverlo en mí,
porque hay un acento
            que me aguarda,
un cobertizo que respira.

Ya bordeo el bosque . . .
Me acarician
las pequeñas costumbres . . .
—ellas logran penetrar
                la verdad del solo.
Agazapadas
en la trastienda del vacío,
van componiendo
una diadema
            de luces y colores.
No hay qué anotar.
                    O sí. . .

Este reflejo,
este susto del humo entre las aguas.
El hormigueo de un compás
hecho pedazos
—desfalleciente
                y redivivo.
No me doy a una tarde por llover.
Me aburre que me espíen en la tarde.
Me aburre quien se aburre,
y es dominado por el entresijo
de arenas que mancillan
                su garganta.

I'm going to climb my small hill,
to dissolve it in me,
because there's an accent
              that awaits me,
a shed that breathes.

I'm already skirting the forest . . .
Little habits
caress me . . .
—they manage to penetrate
              the truth of the solo.
Crouched
in the back room of the void,
they are fashioning
a diadem
              of lights and colors.
There is nothing to write down.
                        Or there is . . .

This reflection,
this fear of smoke among the waters.
The tingling of a beat
torn apart
—faltering
                        and revived.
I don't give in to an afternoon verging on rain.
It bores me to be spied on in the afternoon.
I'm bored by those who are bored,
and are dominated by the intricacies
of sands that sully
                        their throats.

Me aburre quien me desconoce
        y sobrelleva
            su disimulada furia
por el firme desandar
              de mis tinieblas.
Quien me presiente y se retuerce
ante lo que elucubro y desgrano,
con fruición de pitonisa.
Entre las macetas de mi altillo
           tengo un camino al campo.

Quien mordisquea
           en el recinto próximo
no conseguirá usurpar
           la vereda de tan escasas lluvias,
donde alienta el punto de nostalgia
que me devuelve lo perdido.

I'm bored by those who don't know me
           and bear
                   their disguised fury
on the firm retracing
                 of my shadows.
Those who sense me and writhe
at what I brood over and tease out
with the delight of a fortune-teller.
Among the flowerpots in my attic
             I have a path to the country.

Anyone nibbling
             in the nearby enclosure
will not succeed in usurping
             the path of such scant rains,
where the point of nostalgia breathes
and gives me back what I've lost.

Me limpio las uñas

Me limpio las uñas
          para encontrar la nada,
me acomodo al oficio.
La soledad me cerca.
Se agazapa en el día del no ser.
Desde entonces
          traigo un río sobre la espalda.
Sigo su rumbo inescrutable.

Es una certeza:
          no estaré en el muelle.
Falta el ánimo para los sucesos.
                    Terminó mi candor.
Niego el principio,
          el camino, y su final.
Lo niego todo.

"¿Qué historia fluye en tu garganta?"
          —quiere saber el poeta.
"El sol se ofrece
          a quien lo busca".

—Eso es muy cierto,
          pero no es la Verdad.

Viví cerca de la carne.
La sentí,
en los rumores del estuario
          —sobreabundante y placentera.

I Clean My Nails

I clean my nails
            to find nothingness,
I get used to the task.
Loneliness closes in on me.
It crouches on the day of not being.
Since then
            I carry a river on my back.
I follow its inscrutable course.

It is a certainty:
                I won't be at the dock.
There's a lack of will for the events.
                My candor is over.
I deny the beginning,
                the path, and its end.
I deny it all.

"What story flows in your throat?"
            —the poet wants to know.
"The sun offers itself
            to the one who seeks it."

—That's very true,
            but it is not The Truth.

I lived close to the flesh.
I felt it,
in the rumors of the estuary
            —overabundant and agreeable.

En el sabor de lo perverso
      y en la calidez del vino.
          Estuve meditando
hasta que fue viejo el día.
            Me paré lentamente de mi silla.
Escogí la nada
         indiferente y plácida.
Me albergué en sus excusas,
      en el asombro de la mismidad,
         en su temprana amargura.
Ya no voy a caminar con los otros.

      He quedado fija en mí.

In the taste of the perverse
       and in the warmth of wine.
          I'd been meditating
until the day was old.
          I slowly stood up from my chair.
I chose nothingness,
       indifferent and placid.
I took refuge in its excuses,
     in the awe of sameness,
       in its early bitterness.
I will no longer walk with the others.

     I have become fixed on myself.

ANTE EL ESPEJO

¡Horror!
He contemplado mi gran desnudez.
S. Mallarmé

FACING THE MIRROR

Horror!
I have contemplated my great nakedness.
S. MALLARMÉ

Ante el espejo

[. . .] el espejo averiguó callado.

JOSÉ LEZAMA LIMA

He aquí un proyecto. Qué digo, un sino a pactarse en escena insoslayable. Y esto es: frente a la coqueta que alumbró por primera vez mi cara. Ocurrirá en el tiempo en que deba ocurrir, y sólo si mi madre llegara a legarme su espejo, impelida por la realidad inevitable del paso de estos días, y la inminente detención de sus relojes. Además de una introducción necesaria, serán tratados los tópicos que a continuación relaciono:

1.Los extremos que se tocan
2. Ejercicio de la expresión
3. El viaje, el impulso: sombras y fulgores
4. La quietud: su bien y su mal
5. El equilibrio
6. El valor del trabajo
7. Ya no trabajo, apenas acumulo resonancias

INTRODUCCIÓN

Mi madre ya está triste, y en ella, eso es noticia. Triste y blanda como nunca. Habla de las abejas con el tono más tranquilo, casi didáctico, mientras se pelea rutinariamente con mi hermana. Es incapaz de erguirse frente a ella, y arrojar sus flechas como antes—mi hermana es quien no puede contenerse.

Ya mi madre no avanza sobre el río, usando una palmera, ya no enseña. Pasaron las horas de su gloria, pasó ella misma: la escuela y sus muchachos . . . Las piedras en coro de cal ya no ciñen a la flor de la Carolina; no hay un sapo en los maderos anunciando el viaje. El viaje mismo se ha varado, sin que se cumpla la promesa.

Facing the Mirror

[. . .] the mirror found out quietly.
José Lezama Lima

Behold a project. What shall I say, a fate to be agreed upon in an unavoidable scene. And it is this: before the dressing table that first lit my face. It will happen when it should happen, and only if my mother bequeaths me her mirror, impelled by the inevitable reality of the passing of these days, and the imminent stopping of its clocks. In addition to a necessary introduction, the topics I list below will be presented:

1. Opposites that meet
2. Exercise of expression
3. The journey, the impulse: darkness and blazes
4. Stillness: its good and its evil
5. Equilibrium
6. The value of work
7. I no longer work; I merely accumulate resonances

INTRODUCTION

My mother is already sad, and in her, that's news. Sad and soft as ever. She talks about the bees in the calmest tone, almost didactic, while routinely fighting with my sister. She is unable to stand up to her and throw her darts as before—my sister is the one who can't hold back.

My mother no longer uses a palm tree to travel the river. She no longer teaches. Her hours of glory have passed, she herself has passed: the school and its children . . . The stones in a chorus of lime no longer gird the willow flower; there is no toad on the timber announcing the journey. The journey itself has been stranded, with the promise unfulfilled.

Es por la risa perenne de los otros, por el carnaval, por una
excusa, o por el misterio. El misterio ya estuvo en otra parte.
Siempre en otra parte hay un misterio. De ahí vienen las pre-
guntas en multitud polvosa, galopando. Vienen de ese tiempo
en el que no se veía la mancha en el espejo, de un gris sombrío,
cada vez más asfixiante.
La mancha crece y no deja ver este lado de mi cara, o este otro.
Me divide en formas irregulares, inesperadas, según cambie mi
ubicación frente al espejo. Las lunas de los extremos no
tienen esas manchas, siendo, como son, tan nuevas, tan
delgadas y comunes—satélites de nada.

Por eso no es lo mismo mirarme en esas lunas. Les falta algo,
que no logro discernir, aunque es concreto. Tampoco creo
que esas lunas puedan verme cuando me toque pasar; ni creo
que escuchen el fino discurrir de otras preguntas. Por eso voy
sin apremio hasta la mía, ubicada al centro, no importa cuán
grande vaya haciéndose la mancha.

No tengo alternativa, me paro justo allí, echo una ojeada, y sigo.

It is because of the perennial laughter of others, because of the carnival, because of an excuse, or because of the mystery. The mystery has already been elsewhere. There's always a mystery elsewhere. That's where the questions come from in a dusty crowd, galloping. They come from that time when you couldn't see the stain in the mirror, a somber gray, increasingly suffocating. The stain grows and doesn't allow this side of my face to be seen, nor the other side. It fragments me into irregular, unexpected shapes, as I shift my position in front of the old mirror in the middle. The side mirrors do not have those spots, being, as they are, so new, so narrow and common—unrelated, not belonging.

That's why it's not the same to look at myself in those mirrors. They're missing something, which I can't make out, although it's concrete. Nor do I believe that those mirrors can see me when it's my turn to pass. Nor do I believe that they hear the fine discourse of other questions. That's why I go without haste to mine, located in the center, no matter how big the stain becomes.

I have no choice, I stop right there, I take a look, and go on.

Tópico no. 1.
Los extremos que se tocan

ESTOY ANTE LA LUNA
Perdida ante la luna,
        con sus manchas.
¿Será verdad que ya cumplí
          esos años?

Hay una mujer pequeña,
        como yo.
Mi amante dice:
        "media naranja".

Escoge
      el objetivo adecuado
          y graba
       "para la eternidad".

Fija los colores
que presagian
      un buen momento al paladar.
El gesto maduro
          ante los vegetales.
Su convicción
ante las proporciones de la sal
         y las especias.
La fluidez perfecta.

Se preocupa por mí
y me ofrece un cigarrillo.
Sabe que adoro las volutas.

Topic No. 1.
Opposites that Meet

I STAND BEFORE THE MIRROR
Lost before the mirror,
            with its stains.
Could it be that I am already
                        these many years old?

There is a small woman,
            like me.
My lover says:
            "Better half."

Chooses
        the right target
                    and records
        "for eternity."

Lays out the colors
that foreshadow
    a good moment for the palate.
The mature gesture
                    before the vegetables.
His conviction
about the amount of salt
                    and spices.
Perfect fluidity.

He is concerned about me
and offers me a cigarette.
He knows how much I love smoke rings.

Tópico no. 2.
Ejercicio de la Expresión

VEN A MÍ,
palabra despejada,
Acércate a mis manos
            para buscar la luz.
Ya he aprendido
—porque es culto aprender—
ya he aprehendido:
tus rayos encandilan.
Hay que jugar,
            creerse cuando menos
que hay un sabio devenir
                        en el instante.

Pero ven a mí,
                porque también sé
que eres objeto vacío,
                convención,
                        letra de cambio.
De tal modo
            —querida mía—
no vengas a mí:
yo iré a buscarte.
Buscarte, sin embargo,
puede ser trama imprecisa.
Cómo buscar, y a quién.
A dónde dirigirme.
Eres el vacío.
Eres la nada.

Topic No. 2.
Exercise of Expression

COME TO ME,
uncluttered word.
Come closer to my hands
            to look for the light.
I have already learned
—because it's a cultured thing to learn—
I have already apprehended:
your rays dazzle.
Playing is required,
            at the very least believing
that there is a wise future
                        in the instant.

But come to me,
            because I also know
that you are an empty object,
            a convention,
                        a bill of exchange.
In such a way
            —my dearest—
don't come to me:
I'll come and get you.
Looking for you, though,
can be an uncertain plot.
How to search, and who to search for.
Where to go.
You are the void.
You are nothingness.

Buscar la claridad,
                    entonces,
     ha de ser parte del sueño,
hilillos que se tejen
en la entelequia del recuadro.

Nueva mentira para matar
                         verdades.
¿Qué es la verdad?
Ah, estimados signos
          engañosas peripecias.
Ah, emociones.
Voy a declarar que he tenido
emociones.
¿Y qué son las emociones?
¿Las mías pueden ser sus
                         emociones?
¿Sintió alguna vez la necesidad
de prenderse del tiempo?
Prenderse en el tiempo es también
                         impreciso.
Voy a declarar lo más urgente:
siento necesidad de sujetar el tiempo
                    —lección única del capitán.
No del viejo Walt,
          del otro capitán—
y dejarlo conmigo.

The search for clarity,
			then,
	must be part of the dream,
thin threads that weave together
in the entelechy of the framework.

A new lie to kill
				truths.
What is the truth?
Ah, dear signs,
		deceptive vicissitudes.
Ah, emotions.
I will declare that I have had
emotions.
And what are emotions?
Can mine be
			yours?
Did you ever feel the need
to take hold of time?
To get tangled up in time is also
					imprecise.
I will state the most urgent thing:
I feel the need to hold on to time
			—the captain's only lesson.
Not old Walt's,
			but the other captain's—
and leave it with me.

Tópico no. 3. El viaje.
El impulso. Sombras y fulgores

Para Mariela Varona, rebosante de luces y de seres . . .

AHORA voy en un vehículo.
Vertiginoso triunfa sobre el polvo.
Los árboles que bordean el camino
han creado, con sus ramas,
el contorno de la noche.

Se pegan al ventanillo
            las luces del paisaje,
como estrellas.
Vienen sobre mí, por la autopista,
metáforas del tránsito.
Se ofrecen suaves.
                    Cálidamente.
Vienen sobre mí,
            y descubren el misterio.
Ahora el vehículo
            avanza más despacio,
permite la solvencia de este viaje.
Deja sentir
            el rodamiento de la cábala,
el límite postrero del principio.

Topic No. 3. The Journey.
The Impulse. Darkness and Blazes.

For Mariela Varona, full of lights and beings . . .

Now I'm in a vehicle.
Dizzyingly, it triumphs over the dust.
The trees lining the road
have created, with their branches,
the contour of the night.

The lights of the landscape
                stick to the window,
like stars.
They wash over me, along the highway,
metaphors of transit.
They offer themselves softly.
                Warmly.
They come over me,
                and discover the mystery.
Now the vehicle
                slows down,
allowing the soundness of this trip.
It allows
                the bearing of the cabal to be felt,
the ultimate end of the beginning.

Tópico no. 4.
La quietud. Su bien y su mal

PERO DIFÍCILMENTE VEA LA LUZ
de esas planicies.
Poco probable es que sufra
  con su gris hermosura.
Que me agobie el olor del deshielo
  cuando se tienden sobre Inglaterra
      los excesos de la floración.
Poco sospecho que consiga
preferir el otoño.
Improbable es que pulse
     el olor de sus bosques.
Sonreír en sus jardines,
adivinar el malva de su cielo:
optar por la vereda justa.
Difícil es, que distinga más luz que mi luz,
ésa que arde, y jadea, ante mi puerta.
Que convida al solsticio de verano
     —un día como hoy—
de San Juan,
      y sin llovizna,
  a beber en la calle cualquier trago.
No estoy sobre una roca grande
      y hermosa.
La mía es tan pequeña
   que puedo caer al mar
     si me descuido.
Yo soy
  de donde las hojas no se truecan
para darse a la vida en una ofrenda.

Topic No. 4.
Stillness. Its Good and Its Evil.

BUT IT IS UNLIKELY THAT I WILL SEE THE LIGHT
of those plains.
Unlikely that I will suffer
  with its gray beauty.
That I will be overwhelmed by the smell of the thaw
  when the excesses of flowering
      extend over England.
I seriously doubt that I will manage
to prefer autumn.
Unlikely to make out
     the smell of its forests.
To smile in its gardens,
to guess the mauve of its sky:
opt for the right path.
It will be difficult to distinguish more light than my own light,
the one that burns, and pants, at my door.
To invite the summer solstice
     —on a day like today—
on Saint John's Day,
      and without drizzle,
  to drink some kind of shots on the street.
I'm not on a rock, big and
       beautiful.
Mine is so small
    that I may fall into the sea
      if I'm not careful.
I am
  from where the leaves do not turn
to give themselves to life as an offering.

De donde el mundo es
       ordinario y salvaje.
Fraude mayor y más terrible
          para alguien que espera.
Yo vivo y soy
de donde la luz es tanta
que sus tonos desbordan
          cualquier expectativa,
los colores
       apuntan a los signos,
los signos
       indican otra cosa.
Y la toponimia
       refleja la quimera
o, mejor,
       a sus fantasmas.

From where the world is
       ordinary and wild.
A greater and more terrible fraud
         for someone who waits.
I live and I am
from where the light is so bright
that its hues exceed
         any expectation,
the colors
       point to the signs,
the signs
       indicate something else.
And the toponymy
       reflects the chimera
or, better,
     its ghosts.

Tópico no. 5.
El equilibrio

CÓMO TE AMO, PEZ.
Cómo te exploro, calma.
¿Adónde lleva ese fluir?
¿Por qué me impulsa?
¿Y por qué pacto?
¿Por qué no sacudo
lo que se abstiene,
en un tímido lugar
                    de mis adentros?
Me obligan las peripecias,
los debates   que planeo.
¿Y si me des-algo?
¿Si no creo pendencia
        —mis noches—
                    qué serán?
¿Qué harán mis pobres noches
                    pobres?
El desaliento me mira.
Otra vez la apatía
descubre sus semblantes,
el hermetismo de sus casas.
Más grises están
que las de Momo.
Los desafío, y enmudecen.
Surcan,
            esquivos,
el muro de la biblioteca.
La de Borges,
y la de Bukowski.

Topic No. 5.
Equilibrium

How I LOVE YOU, FISH.
How I explore you, calmness.
Where does this flow lead?
Why does it drive me?
And why do I agree?
Why don't I shake free
what abstains
in a timid place
        of my inner self?
I am obligated by the vicissitudes,
the debates   that I plan.
What if I un-something myself?
If I don't create a fight
    —my nights—
        what will they be?
What will my poor nights do
        if poor?
Discouragement eyes me.
Apathy once again
uncovers its faces,
the hermeticism of its homes.
They are grayer
than Momo's.
I challenge them, and they fall silent.
Elusive,
        they surf
the library wall.
That of Borges,
and Bukowski.

Digo la biblioteca/A:
LA BIBLIOTECA.
No niegan, y niegan.
Se van tornando mustios
en mi dialogar de la explanada.
Vienen, mordida caprichosa,
                    para eso.

¿O se trata de que parto
y no escucho bien a Dios?

I say library/A:
THE LIBRARY.
They don't deny and they deny.
They are becoming wilted
in my dialogue on the esplanade.
They come, capricious bite,
                    for that.

Or is it that I am departing
and I can't clearly hear God?

Tópico no. 6.
El valor del trabajo

POR EL VALLE DE LA ARTESANÍA
                            me aventuro.
Voy rizada en lo alto,
                sin orden precedente.
Mi silueta es ancha
y mi sombra
                solo busca sujetarme.

Tomar el lápiz es una verdad
que solo puede llevarme hasta el convite,
cuando no falta el agua,
                            ni su primitivo anhelo.
Voy,
        con estos miembros que nacen del follaje,
            donde otros fueron a contemplar, conmigo,
                el soplo del atardecer.
Sigo mi deambular,
                    a destajo,
—no es simple unirse a esta zona de silencio—
es acaso el premio a los dolores:
el secuestro al imposible.
Por eso entro como a la rueda rueda.
No tengo edad de merecer lo serio.
El trabajo apenas
                    puede obrar sobre mí:
yo soy el trabajo.

Lo llevo en este codo
que empieza a doler de sobra.

Topic No. 6.
The Value of Work

I venture through the valley
              of artistry.
I am curled way up high,
          with no earlier order.
My silhouette is wide
and my shadow
        just wants to hold me down.

Picking up a pencil is a truth
that takes me only as far as the treat,
when there is no lack of water,
             or the primitive longing for it.
I'm going,
   with these limbs born of the foliage,
     where others went to contemplate, with me,
        the breath of the sunset.
I continue my meandering
          from task to task,
—it is not a simple thing, joining this zone of silence—
it is perhaps the reward for the sorrows:
the kidnapping of the impossible.
That's why I enter as if playing ring-around-the-rosy.
I'm not old enough to deserve seriousness.
Work can barely
        work on me:
I am the labor.

I wear it on this elbow
that's starting to hurt plenty.

En estas palmas de perennes durezas,
en el parpadeo incesante.
Tantas cosas que los pondría en el fuego.
Pero si el fuego
                lo devora todo,
no me iré tras lo que escapa
a detener su curso.

He de estar donde me bañe la luz
con la certeza de un índice augusto.
Sé que he de volver junto a mis signos:
a resanar heridas . . .

Estoy aquí, para dejar mis rumores.
No produzco: soy un temblor suave,
carboncillo en la cumbre, mieles del primer sol
que sólo yo puedo testimoniar en esta hora.

In these perennially calloused palms,
in the incessant blinking.
So many things that I would throw into the fire.
But if fire
                            devours it all,
I won't go after what escapes
to stop it in its tracks.

I must be where the light bathes me
with the certainty of an august index.
I know that I shall return to my signs:
to heal wounds . . .

I am here, to leave my murmurs.
I do not produce: I am a gentle tremor,
charcoal on the summit, honeys of the early dawn
that only I can witness at this hour.

Tópico no. 7. Ya no trabajo.
Apenas acumulo resonancias

Para el artista Gustavo Pérez, que en su cuarto oscuro es

asistido por las luces, y las sombras . . .

VEO A T.S. ELIOT
navegando,
veo que me da una señal,
mientras se embarca
en su metáfora.
Se aquieta en su filosofía.
Y me asombro
de la tanta soltura
que despliega . . .

Son muy breves las aguas
que acarician el fondo
de la cubeta amarilla;
recipiente que sirve
para hacer brotar
-alguna vez-
cierto misterio.
Rectángulo de luz
que el artista tendría,
si no lo hubiera dado yo
a T.S. Eliot.
Por eso él va,
Portentoso,
y amable de portentos.
Mientras, alcanzo a ver
el barco que hace agua . . .

Topic No. 7. I No Longer Work.
I Merely Accumulate Resonances.

For the artist Gustavo Pérez, who in his dark room is
assisted by the lights, and the shadows . . .

I SEE T.S. ELIOT
sailing,
I see him giving me a signal,
while embarking
on his metaphor.
He quiets in his philosophy.
And I am amazed
at how much ease
he deploys . . .

Those are very shallow waters
caressing the bottom
of the yellow bucket,
a container used
—sometimes—
to make
a certain mystery bubble forth.
A rectangle of light
the artist would have,
if I hadn't given it
to T.S. Eliot.
That's why he goes,
Marvelous,
and kind in his marvelousness.
Meanwhile, I catch a glimpse of
the boat that takes on water . . .

Todas las casas

Todas las casas
yacen bajo el mar.
Todos los bailarines yacen
al pie de la colina.
Sus cabezas fluctúan,
simulando un oleaje.
Suben y bajan las rizas cabezas,
las rubias, las tantas . . .
Suben y bajan . . .
Se mueven a un ritmo
inexplicable.
Nadie sabe de qué selva
viene el ritmo,
y todos saben.
Es la selva de las selvas
la primera llamada,
aquella que pone a bailar
                a los guijarros.

Los hombres se aprietan,
se mueven al compás tan finamente,
                se empujan y detienen.
Un grupo recorre la calzada
y vuelve al fin,
                para filtrarse mar adentro.
Bailan por unos pobres zapatos.

The Houses Are All Gone

The houses are all gone
under the sea.
The dancers are all gone
under the hill.
Their heads rise and fall,
simulating waves.
Up and down go the curly heads,
the blondes, the many . . .
Up and down they go . . .
They move to an
inexplicable rhythm.
No one knows what forest
the rhythm comes from,
and everyone knows.
It's the forest of forests,
the first call,
the one that makes pebbles
                    dance.

The men press together,
moving to the beat so elegantly,
                    pushing each other and pausing.
A group walks along the roadway
and returns at last,
            to filter out to sea.
They dance for some poor shoes.

No van por pareja.
Junto a ellos reclama
      —la pareja—
un nuevo sudor
que les haga presentir
la brisa
y la llovizna ausente.
Y bailan los zapatos,
salvándolos
de la inmarcesible fiesta.
Estos muchachos
         no danzan junto al fuego.
No buscan *un sacramento*
decoroso y conveniente.
Van diversos,
        untados de un líquido
inmemorial
que los agita en la calzada.

Todo recomienza.
Vuelven a tejerse las historias.
Vuelven a nacer los bailarines
que llenarán sus nidos
con otros clavos
        y otras nociones
para yacer, al fin, *al pie de la colina.*

They do not move as couples.
Together with them
        —the couple—
demands a new kind of sweat
that will make them sense
the absent breeze
and drizzle.
And the shoes dance,
saving them
from the unfading feast.
These kids
        do not dance by the fire.
They do not seek *a dignified*
and commodious sacrament.
They are diverse,
        anointed with an immemorial
liquid
that shakes them in the roadway.

Everything starts again.
Stories are woven again.
Dancers are born again,
they will fill their nests
with other nails
        and other notions
to lie, at last, *under the hill.*

Quién le dijo a T.S. Eliot

Quién le dijo a T.S. Eliot
que doy vueltas en mi dormitorio
sin llegar al punto
      en que ordeno la tramoya.
Quién le dijo
      que lo hace mi madre
—que lo hizo la madre de mi madre.
Quién le dijo que no podré evitar
que mi hija toque
      la antigüedad de la pena
mientras gira insomne
del ayer al mañana
      entre las sombras.
Quién le dijo
      de ese resumen minucioso
        de ese pase de cuenta
          de ese gesto ignorado.
Quién le dijo, que puede absorbernos
de la noche hasta el alba.

Quién le habló
      de la congoja,
        o mejor, y más exacto,
      la ansiedad de la vigilia.

Quién pudo revelarle esos detalles.

Who Told T.S. Eliot

Who told T.S. Eliot
that I spin around in my bedroom
without reaching the point
     where I untangle the plot.
Who told him
       that my mother does it
—that my mother's mother did it.
Who told him that I won't be able to prevent
my daughter from touching on
     the antiquity of pain
as she spins sleeplessly
from yesterday to tomorrow
     in the shadows.
Who told him
     of this detailed summary
     of this reckoning
       of that ignored gesture.
Who told him that he can absorb us
from evening to dawn.

Who spoke to him
     of grief,
     or better, and more accurately,
    of the anxiety of wakefulness.

Who could have revealed those details to him.

Pero el tiempo es el tiempo
      de la mujer despierta.
Formidable azar
        en que no hay otros
que la sientan o esquiven,
      que la vean o le teman.
Aquí es:
      el fondo de los tiempos.

But this time is the time
      of the sleepless woman.
Formidable chance
        in which there are no others
to sense her or dodge her,
      to see her or fear her.
Here it is:
      the depths of all time.

EL OTRO Y YO

Vivir es estar solo.
Ningún hombre conoce a otro.
Cada uno está solo.

H. HESSE

THE OTHER AND I

To live is to be alone.
No man knows the next man.
Each is alone.
H. HESSE

Congregación del solo

I

ESTAR SOLA ES IR POSEÍDA

Estar sola es ir poseída.
Derrame de fuerza en la comunión:
sentir el goce, la yema en el debate,
inventar un suelo para andar por él.
Con la noche revivir la fuente,
con otra noche conjurar la simpatía.
¿Ser?
¡Hay que ser!
Parpadear en la tela multiforme
en el escape de la sobrevida.

II

OH, ENIGMA

Oh, enigma
estoy sola ante ti.
¿Cómo entenderte y entender
                que me entendieron?
¿Cómo saberte y saber
                que fue preciso el roce,
y la palabra exacta?
¿Quién puede morir
ante la mano que se quedó
                en el gesto?
¿Qué camino trazar a tu materia,
                tú, mi otra mitad

Solo Congregation

I
To Be Alone Is to Be Possessed

To be alone is to be possessed.
Spillage of strength in communion:
to feel the joy, fingertip on the debate,
to invent a floor to walk on.
To revive the fountain with the night,
to conjure sympathy with another night.
To be?
You have to be!
To blink on the multiform fabric
in the escape of survival.

II
Oh, Enigma

Oh, enigma
I am alone before you.
How to understand you and understand
                that they understood me?
How to know you and know
                that the brief encounter was necessary,
and the word was exact?
Who can die
faced with the hand that remained
                in the gesture?
What path to trace to your matter,
                you, my other half

—la que más creo—
si la pregunta
es un silencio de extrañas resonancias
que regresan
sin traer señales a mi entendimiento?

III

DE TU UNIVERSO AL MÍO

De tu universo al mío
un universo se instala y descompone
en el infinito aullido.
¿Cómo no sucumbir ante él?
¡Qué multitud de estrellas!
    ¡Qué variedad de rumbos!
       ¡Qué eternidad de miedos!
Ven a mí, certeza,
    y acompáñame un instante.
Sólo un instante de luz
   y me sentiré pagada.
Pagado todo este rumbo
   de caminos y misterios.

IV

LA ANGUSTIA SE ME AHOGA

La angustia se me ahoga
entra a la selva
   y padece por lo sigiloso.
Estallido de soledad.

—the one I most believe—
if the question
is a silence of strange resonances
that return
bringing no signs to my understanding?

III
FROM YOUR UNIVERSE TO MINE

From your universe to mine
a universe settles and decomposes
in the infinite howl.
How not to succumb to it?
What a multitude of stars!
What an array of directions!
What an eternity of fears!
Come to me, certainty,
and be with me for a moment.
Just a moment of light
and I'll feel rewarded.
Having paid for all this journey
of roads and mysteries.

IV
MY ANGUISH IS CHOKING ME

My anguish is choking me
it enters the jungle
and suffers for stealth.
Outburst of loneliness.

Espanto.

Asechanza irresoluta.

Tu faz y la otra faz

—allá arriba implantada y dominante—

¿sabe qué quiere?

Me muero de no caber en mi pregunta

de no hallar fondo en la respuesta.

V

TODAS LAS MANOS

Todas las manos
están en la otra acera.
Me miran y se ríen.

Me miran y padecen.

Gimen por la inmovilidad.
Aquella joven sacó un pañuelo

para secar mis lágrimas;

pero yo no estoy llorando.
El galán me ha mirado, codicioso,
y pregunto si me ama.

El anciano quiere saber de mi sabiduría

y me conversa,

pero no cruza la calle.
Están en la otra acera.
No avanzan un paso, aunque grite,
y sus cuerpos se arrimen a mi cuerpo.
Cuanto más cerca están,
avanzan a la imposibilidad de verme.
¿Y para qué?

Horror.

Irresolute lurking.

       Your face and the other face

    —up there implanted and dominant—

           does it know what it wants?

I'm dying from not fitting into my question,

from not finding the bottom of the answer.

V

ALL HANDS

All hands
are on the other side of the street.
They look at me and laugh.

       They look at me and suffer.
They wail at the immobility.
That young woman took out a handkerchief

       to dry my tears;

        but I'm not crying.
The suitor looked at me, covetous,
and I ask if he loves me.

The old man wants to understand my wisdom

     and he chats with me,

       but he doesn't cross the street.
They're on the other side of the street.
They don't move an inch, even if I scream,
their bodies pressing up against my body.
The closer they get,
the more they advance to the impossibility of seeing me.
And for what?

¿Hay que callar?

¿Hay que andar?

¿Hay que no andar?

¿El pie en el mismo gesto de salida,

allí, viendo caminar

a otros pies que no caminan?

VI

LA ESCENA PUEDE SER ESPESA

La escena puede ser espesa

y caprichosa.

La escena es.

¿Actuaré en la escena?

¿Actúo?

¿Grito?

¿Acarreo la verdad,

la arranco del muro

y la arrojo

a la cáscara facial que me conmina?

¿Y me conmina?

¿Y yo, la veo?

¿Qué hacemos si no te veo,

si no me ves?

¿Eres mi otra mitad, mi ser idéntico,

tú, que me escuchas?

¿O el silencio descuartiza tu grito,

tu cuerpo, y tu *ánimo?*

Should we keep silent?
Should we walk?
Should we not walk?
The foot in the same gesture of departure,
there, watching those other feet
that don't walk?

VI
THE SCENE CAN BE DENSE

The scene can be dense
and capricious.
The scene is.
Will I act in the scene?
Shall I act?
Shall I shout?
Do I carry the truth,
do I rip it off the wall
and throw it
at the mask of a face that challenges me?
And does it challenge me?
And me, do I see it?

What do we do if I don't see you,
if you don't see me?
Are you my other half, my identical self,
you, who listens to me?
Or does the silence dismember your scream,
your body, and your spirits?

VII

Hay que hacer algo

Hay que hacer algo.
Pero ¿qué hacer?
    ¿Entenderás lo que forje con mis huesos?
        ¿Tratarás de entender?
¿Atenderé y entenderé tu aullido?
Siento mi caer en el vacío.
    Siento mi universo corporal hundirse.
Vago, sideralmente desasida,
        fragmentada.
    ¿Pertenezco?
     ¿A qué?
La sangre me acorrala.
La impiedad me acorrala.
    ¡La Mentira!
    ¿Y la Verdad?
     ¿Es?

VIII

Qué puedo hacer por ti

¿Qué puedo hacer por ti
    que estás afuera
sitiado por
    la indiferencia?
¿Y qué hacer si estás adentro,
incapaz del más sutil impulso?
¿Vivir no es acaso la salida?

VII
SOMETHING MUST BE DONE

Something must be done.
But what to do?
    Will you understand what I forge with my bones?
        Will you try to understand?
Will I listen and understand your howl?
I feel my fall into the void.
    I feel my bodily universe sinking.
Vague, sidereally unbound,
        fragmented.
    Do I belong?
    To what?
Blood besets me.
Impiety encircles me.
    The Untruth!
    And Truth?
      Is it?

VIII
WHAT CAN I DO FOR YOU

What can I do for you
    who are out there
besieged by
    indifference?
And what to do if you're inside,
incapable of the subtlest impulse?
Isn't living the way out?

¿No lleva en sí un principio
vertedor,
    incontrolable,
        que te oprime y desprotege?
Caminar entre filas de impiedades.
      De nuestros labios a la altura.
      Del salón de lujo a las gargantas.
¡Desmesuradamente!
Hasta el olor y la sangre.

Does it not carry within itself a principle that
spills,
    uncontrollably,
       that oppresses and exposes you?
Walking among rows of impiety.
     From our lips to the heights.
     From the luxury lounge to our throats.
Disproportionately!
Toward the smell and the blood.

Cabeza griega

Para Ada Zayas-Bazán, por el regalo de su tiempo, y su amistad.

I

DE LA COCINA HASTA MI CAMA

De la cocina hasta mi cama
hay un sendero.
Lo he forjado
dando de comer a mis aliados,
        y a los bárbaros.
Mi café es moneda común
        en la nación entera.
Un día me llevaron hasta el foro,
y dispusieron la mercadería.
Celebraron mi huerta,
y mi ancho pie salvaje:
      —El mundo está en sus manos,
alguien dijo . . .
Con asombro
veo los cuerpos que se mezclan
fundidos al metal.

Cabeza griega está en el suelo.

Mejor la levanto, y miro,
a ver si me indica algún enigma.

Greek Head

To Ada Zayas-Bazán, for the gift of her time and friendship.

I
FROM THE KITCHEN TO MY BED

From the kitchen to my bed
there is a path.
I have forged it
feeding my allies,
                and the barbarians.
My coffee is common currency
                throughout the nation.
One day they took me to the forum,
and arranged the merchandise.
They celebrated my vegetable garden,
and my wide, wild foot:
        "The world is in your hands,"
someone said . . .
Astonished,
I look at the bodies that mingle
fused to the metal.

Greek head is on the ground.

I'd better pick it up, and look,
to see if it can point me to any enigma.

II
Voy a salir de mí

Voy a salir de mí
y a entrar en ti, porque es posible,
me lo han dicho los ángeles de la tertulia.
Ellos tejieron mártires
henchidos en las contingencias.
Vinieron a quitarme el antiguo consuelo.
Vago en la asamblea,
                              y arrojo mi sangre
para que beban los peregrinos de Santiago.

He de ungir mis penachos en las sombras
al amparo de una escolta
                              de muñecos de trapo.
Hallaré la ruta hacia la nada, allí
donde quedaron los animales de Urantia,
bosquejo del bien, y su fatiga.
Cabeza griega ha caído:
manera de animarme a la aventura.

III
Ustedes prefirieron

Ustedes prefirieron
cultivar mis santidades.
Encadenaron mi palpitar a la mentira
y se abalanzaron a la sombra
                              de los parques.

II
I'M GOING TO GET OUT OF ME

I'm going to get out of me
and enter into you, because it is possible,
the angels at the writers' group have told me so.
They wove martyrs
stuffed with contingencies.
They came to take away my old comfort.
I wander in the assembly,
                              and spill my blood
for the pilgrims of Santiago to drink.

I'll anoint my plumes in the shadows
protected by
                              a rag-doll bodyguard.
I'll find the route to nowhere, there
where the animals of Urantia were left behind,
an outline of good, and its fatigue.
Greek head has fallen:
a way to encourage me to adventure.

III
YOU ALL PREFERRED

You all preferred
to cultivate my holiness.
You chained my palpitation to the lie
and rushed into the shadow
                              of the parks.

Me tocaban los altares
las zonas de la noble equivalencia.
Mucho tiempo habité por mi silueta,
adormecida en luz.
Renuncio a ser el símbolo de nada.
Me planto a subrayar frutales,
a subvertir el enjambre y la planicie.
La verdad es la vida que se agita.
Ahora sólo veo resplandores instantáneos,
perentorias pujanzas de la carne,
y una voz al centro,
de una cabeza griega que no sabe.

IV

SOY UN ÁNGEL

Soy un ángel.
Aburrida del bien dejé el camino.
Lloro la maldición
confinada a ser áspid de los reyes.
Miro con nostalgia a la ciudad
que viene a proponerme un canto.
¡Qué sabré yo del tono de los aires!
En la Santísima Catedral
el misterio del humo se esparcía:
me abochorné de las plegarias,
de los ritos pueriles,
de ladrar bajo una encina
      —donde se amparaba un Dios.
En el camino hacia la luz
un padre hundió su lengua.

Altars touched
my zones of noble equivalence.
I long dwelled on my silhouette,
lulled in light.
I renounce being the symbol of nothing.
I plant myself to underscore fruit trees,
to subvert the swarm and the plain.
Truth is life that stirs.
Now I only see flashes,
peremptory drives of the flesh,
and a voice in the middle,
from a Greek head that doesn't know.

IV

I Am an Angel

I am an angel.
Bored with goodness, I left the road.
I lament the curse
confined to being the kings' asp.
I look longingly at the city
that comes to propose a song to me.
What do I know of the tone of the air!
In the Most Holy Cathedral
the mystery of smoke was spreading:
I was embarrassed by the prayers,
by the puerile rites,
by barking under a holy oak tree
          —where a God was sheltered.
On the way to the light
a father plunged his tongue.

Me agreden los sonidos y sus grafos.
Voy a surcar la carne desoída
a urdir de nuevo el mundo
siguiendo el hilo de la sangre.

V
VENGAN A VERME

Vengan a verme.
Ya están aquí los miedos.
Es que me han sajado las pieles,
bebieron sangre de mi ombligo,
y arrastraron mi cabeza.
Vengan a verme.
Es que amaron mi selva enardecida
y no tuvieron coraje al conquistarla.
Fui enunciada en estampas diminutas
y me subieron a la cumbre,
al rubor de sus planos inclinados.
Vengan a verme.
Deambulen sus rocíos;
y cuando vayan a entrar en lo profundo,
quédense quietos.
Tengan cuidado del calor frutal que allí se cuece,
de su abrigo fragmentario y revoltoso,
de quedar atrapados.

¡Sí, cabeza griega!

I am assaulted by sounds and their graphemes.
I'm going to furrow the unheard flesh,
weave the world anew
following the thread of blood.

V
COME AND SEE ME

Come and see me.
The fears are already here.
It's that they have cut open my skin,
drunk blood from my navel,
and dragged my head.
Come and see me.
It's that they loved my raging jungle
and they lacked courage when they conquered it.
I was enunciated in tiny stamps
and they raised me to the summit,
to the blush of its inclined planes.
Come and see me.
Wander through its dew;
and when you're about to go into the deep,
stand still.
Beware of the fruit-laden heat that bakes there,
of its fragmentary and unruly coat,
of getting trapped.

Yes, Greek head!

VI

ESTA MAÑANA HE REGISTRADO

Esta mañana he registrado
                      mis bolsillos
y mis bolsillos estaban vacíos.
En ellos solía hallar piedras comunes.
A veces,
una suerte de míseros metales.
Nada que pueda emular con mi alegría.
He buscado un lugar
donde el dolor sienta más su canción triste.
No me acostumbro a perder
en los vidrios,
el paisaje que afuera se organiza,
a no ver la cara donde va la cara.

Cabeza griega,
no me acostumbro,
a caminar rompiéndome los ojos.

VI
This Morning I Searched

This morning I searched
           my pockets
and my pockets were empty.
I used to find common stones in them.
Sometimes,
some sort of meager metal.
Nothing that could emulate my joy.
I've searched for a place
where pain could better feel its sad song.
I can't get used to losing
the landscape
that is organized outside, on the glass,
to not seeing the face where the face goes.

Greek head,
I can't get used
to walking, while breaking my eyes.

No voy a seguir aquí

No voy a seguir aquí
                    creyendo mi relato.
El argumento que otros me han fijado.
Voy a ser un revuelo,
una ambigua sombra entre las ramas,
hasta hacerlos buscar
sin que me encuentren.
Perder la fe en el transcurso
estremece los rumores de la herencia.
Los que me buscan, que se busquen.
Todos recelan del que pasa.
Si he de creer en mí, seré una esfinge,
                    una celebración gozosa.

Cabeza griega ha dejado
anárquicos susurros en mi oreja.

I Will No Longer Remain Here

I will no longer remain here
                    believing my story.
The plot that others have laid out for me.
I'm going to be a whirlwind,
an ambiguous shadow among the branches,
until they are forced to search
without finding me.
Losing faith in the course
makes the rumors of heritage shudder.
Those who seek me, let them seek themselves.
Everyone is suspicious of the passerby.
If I am to believe in myself, I will be a sphinx,
                    a joyful celebration.

Greek head has left
anarchic murmurings in my ear.

Otra vez la fijeza

Para mi amiga Annick Castro,
que dibuja en el aire.

Otra vez la fijeza.
Estoy sentada
    en el lugar de otra mujer.
Entra la luz hasta mis manos
    y apenas sé qué hacer con ella.
La luz, sus manos,
    la mujer y yo,
podríamos iniciar un movimiento.
De los potes de pintura,
        de sus lápices,
    entra un vuelo
      que da gusto al interior.
Es un vacío
     que pide otros planetas,
otros reyes danzantes ...

Ya estaba así
     cuando vi sus mariposas,
sus piedras de colores,
     sus probables devaneos.
Son los pasos
que ella deja quietos
     en una superficie,
para seguir otra mañana,
     y solo por eso los escucho.
Son esos pasos
     como gotas de luz
que brillan allí,
     más bien prudentes,
      al primer descuido.

Fixity, Again

For my friend Annick Castro,
who draws in the air.

Fixity, again.
I am sitting
    in the place of another woman.
The light comes into my hands
    and I hardly know what to do with it.
The light, her hands,
    the woman and I,
we could start a movement.
Something soars
    out of her jars of paint,
    out of her pencils,
    that pleases within. It's a void
    that calls for other planets,
other dancing kings . . .

I was already like this
    when I saw her butterflies,
her colored stones,
    her probable dalliances.
These are the steps
that she leaves still
    on a surface,
to continue another morning,
    and that's the only reason I listen to them.
Those steps are
    like drops of light
that shine there,
    rather cautious,
    at the first slip.

He averiguado
              el origen de las gotas.
Yo, que tan pronto me voy
y seré, como he sido,
                  otra mujer
con sus propios movimientos.

Estuve suspendida en el aire
                  para llegar a este lugar.
Quieta,
        como nunca estuve quieta.
Pero de pronto aquí,
              la luz, y sus manos,
                    empezaron a moverse.

Me detuve,
        más que en ella
              en las mariposas que veía,
y en las piedras de colores.
Volví a estar quieta,
            suspendida en el aire . . .
En el afán de la fijeza
              ante sus piedras,
ante sus hilos y figuras.
Quieta,
        como nunca estuve quieta,
la observaba.
¿Qué hay tras las piedras,
          junto a la cobertura,
              sobre la llama?
¿Qué hay tras el diseño?

I have figured out
          the origin of the drops.
I, who as soon as I leave,
I will be, as I have been,
          another woman
with her own motions.

I was suspended in the air
          to get to this place.
I held still,
          as I never had before.
But suddenly here,
          the light, and her hands,
          began to move.

I dwelled,
          less on her
          than on the butterflies I saw,
and on the colored stones.
I was still again,
          suspended in the air . . .
In the pursuit of fixity
          before her stones,
before her threads and figures.
I held still,
          as never before,
and watched her.
What's behind the stones,
          next to the cover,
          above the flame?
What's behind the design?

A esta mujer que soy
      se le hunden las raíces
en la terquedad
        de una elástica fijeza.
Ama al vacío,
     a las piedras de colores
a las mariposas
     y los simples movimientos.
Quiere órganos frágiles,
más dados al ser,
o al dolor de la hierba
en el barranco.
Con eso podría
          iniciar la marcha
por la ciudad más fija.
Juntaría,
     en ese instante,
        un signo, y otro signo.
Iría dando voces
hasta parir otras huellas,
y dar transparencia
a lo que se aprieta
en la base de mis dientes.
Pero los signos se quedan
        en mis labios
y solo dejan ver un surco
lleno de cristales,
       que forman una gota.
Esa gota es,
    de momento,
       también inexplicable.
La otra mujer y yo
      somos la misma.

This woman that I am,
        her roots are sinking
in the stubbornness
        of an elastic fixity.
She loves emptiness,
        loves colored stones,
loves butterflies
    and simple movements.
Wants fragile organs,
more given to being,
or to the pain of the grass
in the ravine.
With that she could
                start the march
through a more fixed city.
She would gather,
        at that moment,
                a sign, and another sign.
She would go around shouting
until she gave birth to other footprints,
and providing transparency
to what is so tightly pressed
at the base of my teeth.
But the signs remain
                on my lips
and they only let you see a groove
full of crystals,
                that form a drop.
That drop is,
        at the moment,
            also inexplicable.
That other woman and I
                are one.

Queremos enlazar las manos
            a otras manos:
rozar el preámbulo
            antes de saltar al vacío.

Quiero verme,
            quiero verme.
Ésa es la obra.

En este día
            hay algo más que celebrar:
hay unas ganas de saber,
            dónde le duele
                        a la mujer que no soy
y al mismo tiempo
            me devuelve en su gota.
Su dolor puede impulsar
            mi movimiento.
Sus poderes pueden reabrir
unas hélices
            que me lancen al espacio:
sé que puede ser plenitud
            —o pérdida—
en el secreto hilo de la vida . . .
Tengo los pies bien fijos
            sobre el metal
que se apoya
            en el tronco del árbol,
y se hunde en la tierra.
De ahí que la tierra me sostiene.
De ahí que sienta el flujo mineral
            acariciar mi mano.

We want to hold hands
        with other hands:
to skim the preamble
        before jumping into the void.

I want to see me,
        I want to see me.
That is the task.

On this day
        there is something else to celebrate:
there is a desire to know,
        where it hurts
            the woman I am not
and at the same time
        brings me back in her drop.
Her pain can drive
        my movement.
Her powers can reopen
propellers
        to launch me into space:
I know it might be fulfillment
        —or loss—
in the secret thread of life . . .
My feet are well fixed
        on metal
which is supported
        in the tree trunk,
and sinks into the ground.
Hence the earth sustains me.
Hence I feel the mineral flow
        caressing my hand.

¿Por qué las gotas de luz?
Ahí es donde vuela una centella
    o espejea el viento
      en los metales.
Ahí es donde se ven
      las islas solitarias.
Fina, como animales perdidos,
        sube la advertencia.
Viene a ofrecer
    las últimas opciones
      del camino.
Allí es que nacemos a la nada.

La nada es aquí la dueña.
Es quien saca sus raíces
    y las sacude al viento:
sus grandes brazos
      asustando al vacío.
Hay que hallar el tono rítmico
    del soplo,
      hay que sentirlo
y moverse con premura.
El movimiento es un regalo.
Así es que la fijeza
    solo sirve
para avivar el movimiento.

El vacío se mueve tanto
    como permanece.
Suena y resuena.
    Me levanta.

Why the drops of light?
That's where a spark flies
     or where the wind is mirrored
       in metals.
That's where you see
     the lonely islands.
Delicate, like lost animals,
       the warning rises.
It comes to offer
     the latest options
       of the road.
That is where we are born into nothingness.

Nothingness is in charge here.
It is the one pulling its roots out
     and shaking them in the wind:
its big arms
     scaring the void.
You have to find the rhythmic pitch
     of the murmur,
       you have to feel it
and move with haste.
Movement is a gift.
So it is that fixity
     only serves
to fuel movement.

The void is in motion as much
     as it stays in place.
It rings and reverberates.
     It lifts me up.

Lleva un impulso
      que es liga
            viscosa y productiva,
acurrucada en la matriz
de la mujer que soy,
            y de la otra
que se mueve tan lejos.

Suena y resuena el vacío,
haciendo llegar planetas
            y reyes
            amándose en la danza.

Estamos celebrando
            el día distinto,
cuando sobrevuela
            en mi pantalla
una luz movediza y fija,
            y al mismo tiempo
un poderoso rayo
            que deja caer gotas
perfectas y vivaces
            sobre los insectos
que he pintado,
y sobre las piedras de colores
            de mis letras.
Gotas que se resisten
            a la resistencia material,
porque una gota aislada
            y única,
            inunda mi ventana.

It carries an impulse
     that is a viscous and productive
      mix,
curled up in the womb
of the woman that I am,
     and the other woman
who moves so far away.

The void rings and reverberates,
making planets arrive
     and kings
      love each other in the dance.

We are celebrating
     the different day,
when a light, moving and fixed,
      flies over
     on my screen,
     and at the same time
a powerful ray
     from which drops fall,
perfect and lively
     on insects
I have painted,
and on the colored stones
     that are my letters.
Drops that resist
     material resistance,
because an isolated
     and unique drop
      floods my window.

Petite Jérusalem

Para Legna Rodríguez Iglesias, viendo La pequeña Jerusalén
de Karin Albou en la Semana del cine francés en Camagüey.

Por eso me muevo.
Sí, me muevo.
En la curvatura de la brega.
Montones de páginas
se abalanzan
sobre el sitio de mis pensamientos,
       y me agito.

Aunque me esté quieta,
      viendo las frutas regalarse,
    me agito.
Aunque me esté quieta,
    con la boca en el asombro,
sé cómo y cuándo elegir
      los dulzores de la fruta.

No hay fijeza.
Obro, así que dilato la fijeza.
Obro, y mortifico la corrupción.
Me muevo
     y recojo las páginas
que me dan el movimiento.

Las ordeno en pilas
      de a seis,
        de a veinte
          de a mil.
Las ordeno,
me río, y me muevo.

Petite Jérusalem

For Legna Rodríguez Iglesias, watching Little Jerusalem
by Karin Albou at the French Film Week in Camagüey.

That's why I'm in motion.
Yes, I'm in motion.
In the curvature of the daily grind.
Heaps of pages
swoop down
on the site of my thoughts,
        and it disturbs me.

Even if I hold still,
        watching the fruits give themselves away,
        it disturbs me.
Even if I hold still,
      gaping in amazement,
I know how and when to choose
        the sweet tastes of the fruit.

There is no fixity.
I labor, so I prolong the fixity.
I labor, and I mortify corruption.
I'm in motion
        and I gather the pages
that give me movement.

I sort them into piles
        of six,
           twenty,
                a thousand.
I put them in order,
I laugh, and I am in motion.

Me alegro de vivir.
Siguen las señales,
          cayendo
               en torrencial cascada.

¿De qué habla, el que,
          quieto,
               se mueve?

Siguen las señales
               en la risa,
en el movimiento de la risa,
          y hasta en la muerte de la risa.
Una risa
          que no es la muerte
sino la vida misma,
en macabro movimiento,
en la ilusión de las señales.

¿De qué hablo yo?

Pude morir, y estoy moviéndome.
Puedo morir,
               exactamente,
porque estoy moviéndome.

¿De qué fijeza hablan?
No la conozco,
               no la reconozco.
Ellos están en movimiento
          yo estoy en movimiento.

I'm rejoice in being alive.
The signs continue,
            falling
                  in a torrential cascade.

What is he talking about, he who holds
      still,
                  while in motion?

The signs continue
                  in laughter,
in the movement of laughter,
            and even in the death of laughter.
A laugh
            that is not death
but life itself,
in macabre motion,
in the illusion of signs.

What am I talking about?

I could have died, but I'm moving.
I could die,
            exactly,
because I'm moving.

What fixity are they talking about?
I don't know it,
                  I don't recognize it.
They are in motion.
      I'm in motion.

Todos estamos
          en perpetuo movimiento.
Ellos viven
          y yo vivo
en el torrente de la propia fijeza.

Me canto
          y me celebro a mí misma
por esta alegría de la vida.
                    Me río.
Camino en una fecha,
          y en la siguiente fecha,
y en la otra.
Camino siempre.
Camino y camino,
mas, recorro el mismo espacio.

Hago el ritual kantiano,
me refugio en un muro y camino.

Me refugio en un muro
que he construido
          con las páginas de otros,
con sus silencios,
          y sus movimientos.

Me refugio en un muro
                    y me muevo.
Me sobrecogen
          unos ojos inmensos,

We are all
          in perpetual motion.
They live
          and I live
in the torrent of fixity itself.

I sing to me
          and I celebrate myself
for this joy of life.
                    I laugh.
I walk on a given date,
          and on the following date,
and the next.
I always walk.
I walk and I walk,
but I cover the same space.

I do the Kantian ritual,
I take refuge in a wall and walk.

I take refuge in a wall
that I have built
          with the pages of others,
with their silences,
          and their movements.

I take refuge in a wall
                    and I move.
I am deeply moved by
          some big eyes,

ojos que me invaden
        mientras observo
              la luz fértil
                    desde mi luneta.

Es una luz creada
              por alguien,
que ha estado en movimiento,
           y ahora me estremece.
Una luz que pone en pantalla
                estos ojos,
diferentes a los míos,
           tristes o alegres ojos,
que habrán llorado tanto,
          que habrán reído,
que habrán pensado.
Ojos que habrán mirado
         hacia la derecha
           o hacia la izquierda,
que habrán acariciado.
Siempre son esos ojos,
          diferentes a mis ojos.

Siempre esa boca.
Y una risa en esa boca
y un grito de terror
          y un ritual
y un amanecer para esa boca.

eyes that invade me
        as I watch
                the fertile light
                        from the row where I sit.

It is a light created
            by someone,
who has been in motion,
            and it now makes me shudder.
A light that puts these eyes
                  on screen,
eyes different from mine,
            sad or happy eyes,
that must have cried so much,
            that must have laughed,
that must have thought.
Eyes that must have looked
            to the right
                or to the left,
that must have caressed.
It's always those eyes,
            different from my eyes.

Always that mouth.
And a laugh in that mouth
and a scream of terror
            and a ritual
and a dawn for that mouth.

Cuánto delirio
                detrás de la fijeza.
Pero la mato mientras río,
          mientras intento conservar
un hilo de pulcritud,
          mientras rehago mi camino,
cada vez,
          tras las abluciones de las siete,
con esta camisa
          que me sienta bien,
con este lienzo
          suavemente caído,
amancebado
          en el recorrido de mi piel.
Cuánta agonía
             mientras se salva,
un mismo trecho.
             Cuánta novedad
en las mismas paredes.

Cuánto sueño.

Sí, yo mato la risa
          de otros ojos.
Continuamente la mato,
        la acumulo y rehago
desde la plaza de mi brega.

La acaricio a mi antojo
         y la devuelvo a la vida.

So much delirium
                    behind the fixity.
But I kill it while I laugh,
        while I try to preserve
a thread of purity,
        as I retrace my path,
every time,
        after the ablutions at seven,
with this shirt
        that suits me,
with this canvas
        softly draped,
cohabitating
        throughout my skin.
So much agony
                    as it saves itself,
the same stretch.
                    So much novelty
on the walls themselves.

So much sleepiness.

Yes, I kill the laughter
                    of other eyes.
I continually kill it,
        I gather it and remake it
from my place of struggle.

I caress it as I please
        and bring it back to life.

Quiero abrazar torrentes
                de limpieza
quiero salvaguardar mis ojos,
          quiero sembrar la mies
que tribute a mi familia
          y cantar, cantar feliz,
en el supremo gozo
            de mi canto.

I want to embrace torrents
            of cleanliness
I want to safeguard my eyes,
        I want to sow the harvest
in a tribute to my family
            and sing, sing happily,
in the supreme joy
            of my song.

Conseja del lazo infinito o banda de Möbius

Los ruidos pasan en silencio,
siempre pasan los ruidos
y olvidan la mañana   Yacía el hombre
o el mediodía tibio   desnudo   sano
o el atardecer cansado   cuando vino el ingenuo,
en que el hombre llegó   lo miró despacio,
a su tienda   y no hizo más que
y bebió de su vino.   comentarlo.
El instante lleno   Pero entonces
de ruido silencioso   vino el Otro,
cuando el hombre,   a darle su cuota de vergüenza.
intocado   A cada rato vuelven esos ruidos,
llegó
de la vid a su covacha,
que pasan   *y se tendió*
y vuelven   *desnudo*
y pasan   *a descansar.*
recordando el silencio.   *El ruido era*
¿Ah, chicos,   *también intocado.*
cuál de vosotros es mejor?   *Una añoranza*
¿Cuál tendrá la paciencia   *fortuita*
de intercambiar la marcha?   *en el más prevenido*
Cuál la agonía muda,   *de los hijos.*
de comprender
el ruido, y el silencio
que salgan de otra
BOCA.

Parable of the Infinite Loop or Möbius Strip

The noises pass in silence,
the noises always pass
and forget the morning
or the warm noon
or the tired sunset
when the man arrived
at his tent
and drank his wine.
The full instant
of silent noise
when the man,
untouched,
came
from the vine to his hovel,
and they pass
and return
and they pass
recalling the silence.
Oh young boys,
who among you is better?
Who will have the patience
to change course?
Who, the mute agony
of understanding,
the noise and the silence
issuing from another
MOUTH.

The man was lying down
naked and healthy
when the naive one came,
looked at him slowly,
and did nothing but
note it.
But then
the Other came
to give him his share of shame.
Again and again those noises return,
and he laid down
naked
to rest.
The noise too
was untouched.
A fortuitous
longing
in the most forewarned
of the children.

Agradecimientos del traductor

Quiero agradecer a mi colega Kristin Siracusa Fisher su generosa ayuda al revisar mi traducción de esta obra. Agradezco a Oneyda González nuestras muchas horas de conversación y su bondadosa disposición al ayudarme a compenetrarme con su obra.

Translator's Acknowledgments

I'd like to thank my colleague Kristin Siracusa Fisher for her generous help reviewing and revising my translation of this work. I am grateful to Oneyda González for our many hours of conversation and her kind willingness to help me immerse myself in her work.

About the Translator

Eduardo Aparicio translates poetry and memoir from Spanish and French and writes nonfiction for children in English and Spanish. He's president and CEO of Aparicio Publishing, a development house specializing in educational materials for preK–12. Aparicio is also a photographer whose work has been exhibited and published in the US, Cuba, and Europe. His photographs are in the permanent collections of the Museum of Contemporary Photography in Chicago, the Lehigh University Art Galleries, and the NSU Art Museum in Fort Lauderdale, among others. He was born in Guanabacoa, Cuba, and lives in Miami Beach, Florida.